Liebe Leserinnen und Leser,

■ um den Herausforderungen des Lebens gewachsen zu sein und sich stark und sicher zu fühlen, brauchen Kinder ein stabiles Selbstbewusstsein. Auf andere zugehen, die eigenen Interessen vertreten, sich auf Unbekanntes einlassen, Misserfolge verkraften können – all diese Fähigkeiten sind wichtige Voraussetzungen dafür, im sozialen Miteinander erfolgreich zu sein. „Ich bin o.k. so wie ich bin" – dieses Gefühl ist die Basis für ein gesundes Selbstwertgefühl. Eltern können viel tun, um die innere Stärke und Sicherheit ihres Kindes zu fördern.

Bei dieser wichtigen Aufgabe möchten wir Sie mit diesem Heft unterstützen und Ihnen viele konkrete Tipps für den Alltag geben. So braucht Ihr Kind vor allem den Rückhalt und die Geborgenheit der Familie, um ein gutes Gefühl zu sich selbst aufzubauen. Lob, Ermutigung und Erfolgserlebnisse helfen ihm dabei, Vertrauen in die eigenen Fähigkeiten zu gewinnen. Mit einem solchen stabilen Gerüst ausgestattet wird es den Anforderungen in Kindergarten und Schule gewachsen sein und neugierig und zuversichtlich Schritt für Schritt eigene Wege gehen.

Julia Ubbelohde
Julia Ubbelohde
Redaktion mobile kompakt

Ihre Meinung ist uns wichtig!

Uns interessiert, wie Ihnen **mobile kompakt** gefallen hat. Schreiben Sie uns Fragen, Anregungen und Kritik an: redaktion@mobile-familienmagazin.de (Anschrift siehe Impressum) Wir freuen uns über Ihre Zuschriften!

Stark sein fürs Leben

Warum Kinder Selbstbewusstsein brauchen

Selbstbewusste Kinder wissen, was sie wollen, und können „Nein" sagen.

■ Starke Kinder, die von sich selbst überzeugt sind und ein positives Ichgefühl entwickelt haben, kommen im Leben besser zurecht. Sie wissen, wer sie sind und was sie wollen. Sie können ihre Interessen benennen und sich für ihre Ziele, auch gegen den Widerstand anderer, einsetzen. Sie haben weniger Angst vor Fehlschlägen, verteidigen ihre Ideen und schauen mutig und zuversichtlich in die Zukunft. Selbstbewusste und selbstsichere Kinder vertrauen auf ihre Fähigkeiten.

Wenn ein Kind sich selbst mag und seine Stärken kennt, läuft es nicht Gefahr, sich ständig mit anderen vergleichen zu müssen. Es wird widerstandsfähig, kann Fehler besser verkraften und traut sich etwas zu. Im Zusammensein mit anderen gelingt es ihm, echte Freunde zu erkennen und dauerhafte Freundschaften zu schließen. Selbstbewusste Kinder vertrauen auf ihr eigenes Gefühl und lassen sich nicht von anderen einreden, was sie tun und denken sollen. Sie lernen, mit Angst und Trauer umzugehen. Aber sie sind auch mutig und neugierig, kennen ihre Grenzen, entwickeln Ideen und vertreten ihre eigene Meinung.

Starke Kinder sind besser gewappnet

■ Die Welt außerhalb der Familie ist oft nicht kindgerecht und sensibel. Durch die Medien werden viele Kinder viel zu früh mit Gewalt, Sex und Brutalität konfrontiert. Auch wenn ihre Eltern versuchen, sie davon fernzuhalten, irgendwo läuft immer ein Fernseher. Schon im Kindergarten treten erste Formen von Ausgrenzung oder Mobbing auf, in der Schule herrscht oft ein belastender Leistungsdruck, und auch Prügeleien und Erpressungen sind leider keine Seltenheit mehr. Immer wieder lässt sich bereits bei Kindern Suchtverhalten beobachten, zum Beispiel die Sucht nach Essen oder Computerspielen. Wenn sie älter werden, kommen sie auch mit Alkohol, Zigaretten und anderen Drogen in Berührung.

Um dem zu widerstehen, brauchen Kinder enorme Abwehrkräfte und den besonderen Schutz von Erwachsenen. Denn sie müssen stark genug werden, um sich gegen Gruppenzwänge wehren zu können und den hohen Anforderungen der Leistungsgesellschaft gewachsen zu sein. Dies gelingt nur, wenn ihr Selbstvertrauen und Selbstwertgefühl gut entwickelt ist und bereits im Vorschulalter aufgebaut wurde. In unserer sich schnell wandelnden Welt ist es für Kinder wichtiger denn je, sich auf sich selbst und ihre Familie und Freunde verlassen zu können. Nur dann sind sie dem Leben wirklich gewachsen und können auch große Herausforderungen und schwierige Situationen meistern.

Schutz vor Übergriffen und Missbrauch

■ Das Wissen von der eigenen Stärke und den eigenen Grenzen schützt Kinder auch vor gefährlichen Situationen. Sexuelle Übergriffe und Missbrauch finden in den meisten Fällen im weiteren Familien- oder Bekanntenkreis statt. Es gehört viel Selbstbewusstsein dazu, sich als Kind gegen einen Erwachsenen, vielleicht einen guten Freund der Familie, durchzusetzen. Dabei geht es natürlich nicht um die körperliche Auseinandersetzung, sondern um das entschiedene „Nein, ich will nicht!". Es geht darum, schlechte Absichten zu erkennen, die Eltern zu informieren und sich Hilfe zu holen.

Das kann für Kinder sehr schwierig sein, lernen sie doch, Erwachsenen zu vertrauen und ihre Autorität anzuerkennen. Trotzdem sollen sie in zweifelhaften Situationen misstrauisch sein und sich den Anweisungen eines Erwachsenen widersetzen? Es braucht Mut, um hier beherzt zu handeln und

Starke Kinder finden ihren Weg

die Konsequenzen des eigenen Verhaltens in Kauf zu nehmen. Denn zu erkennen, welche Situation zu einem Übergriff oder einem Missbrauch führen kann, ist nicht immer einfach. Wie leicht kann hier eine Fehleinschätzung passieren, deren Folgen für das Kind unangenehm sein können. Nur starke Kinder schaffen es, trotz dieser Unsicherheiten auf ihr Gefühl zu vertrauen und entsprechend zu handeln. ⋘

Um innere Kraft und Sicherheit zu bekommen, brauchen Kinder den Rückhalt der Familie.

Das kann Ihr Kind schon
Schritt für Schritt eigene Wege gehen

■ Anna (4) fängt schon an zu weinen, wenn ihre Mutter nur die Stimme erhebt. Sie ist ängstlich darauf bedacht, immer alles richtig zu machen, und traut sich wenig zu. Simon (6) hingegen muss alles zehnmal gesagt bekommen, bis er überhaupt reagiert.

Wenn wir Kinder vergleichen, stellen wir schnell fest, wie unterschiedlich die kleinen Persönlichkeiten schon von Geburt an sind. Manche sind schüchtern und zurückhaltend, andere draufgängerisch und impulsiv oder vorsichtig und wachsam. Genauso, wie sich Kinder hinsichtlich Größe, Aussehen oder Gewicht unterscheiden, ist auch das Selbstbewusstsein verschieden stark ausgeprägt. Die einen brauchen sehr viel Unterstützung und Anerkennung, um sich etwas zuzutrauen, die anderen tendieren mehr zur Selbstüberschätzung und müssen eher gebremst werden. Um jedes Kind seinen Anlagen und Möglichkeiten entsprechend zu behandeln, benötigen Eltern viel Feingefühl und Erziehungskompetenz. Dabei geht es immer um eine Unterstützung der jeweiligen Persönlichkeitsentwicklung in die richtige Richtung: Unsichere Kinder brauchen viel Ermutigung, kleine Draufgänger hingegen müssen lernen, etwas vorsichtiger und bewusster zu handeln. Ein gesundes Selbstbewusstsein entsteht dann, wenn Kinder durch ihr Handeln Erfolgserlebnisse haben.

Kinder sind sehr unterschiedlich, manche brauchen mehr und andere weniger Unterstützung.

Wenn Kindern etwas zugetraut wird, vertrauen sie auf ihre eigenen Kräfte

Die ersten eigenen Schritte sind am schwersten

■ Benjamin (5) kann schon ganz alleine Brötchen beim Bäcker nebenan holen und Katharina (4) trägt stolz die schwere Einkaufstüte ohne Hilfe vom Auto bis zur Haustür. Lara (4) ist nach dem Kindergarten zum ersten Mal bei einer neuen Freundin geblieben und André (2) will nun endlich versuchen, alleine in seinem Bett einzuschlafen.

Diese Kinder machen alle große Schritte in die Selbstständigkeit, und das verdient Anerkennung. Die Hand der Eltern loszulassen und sich auf die eigenen Stärken zu besinnen, ist für Kindergartenkinder Neuland. Sie nehmen Abschied von der Rundumversorgung und tun dies mit einem lachenden und einem weinenden Auge. Einerseits sind sie neugierig und wollen gerne selbstständiger werden, andererseits haben sie aber auch Angst, dass das nicht klappt. Deshalb brauchen sie Zuspruch und Erfolgserlebnisse. Gelingt ihnen mit Unterstützung der Eltern ein Vorhaben, sind sie stolz und freuen sich über ihr Können. Sie werden selbstbewusster und gewinnen eine positive Einstellung zu sich und ihren Fähigkeiten. Schritt für Schritt lernen sie daran zu glauben, dass sie den weiteren Aufgaben des Lebens gewachsen sind. Das lässt sie neugierig, positiv und erwartungsvoll in die Zukunft blicken.

Entwicklung fordert Anerkennung

■ Sara (5) hat sehr genaue Vorstellungen davon, welche Kleider sie in den Kindergarten anziehen möchte. Da ihr modischer Geschmack jedoch noch in der Entwicklungsphase ist, kommen dabei manchmal sehr skurrile Kombinationen zustande. Wenn sich die Farben von Pullover und Hose beißen oder das Muster der Strümpfe mit dem des Kleides nicht zusammenpasst, beißt Saras Mutter die Zähne zusammen. Sie findet das Outfit ihrer Tochter zwar entsetzlich, so lange es aber den Wetterverhältnissen angepasst ist, erhebt sie keinen Einspruch. Schließlich beweist ihre Tochter Selbstständigkeit und zeigt Kreativität auf der Suche nach ihrem eigenen Stil. Das erkennt ihre Mutter an und lobt sie auch dafür.

Sicherlich wird Sara im Kindergarten manch erstaunten Kommentar über ihre extravagante Kleiderwahl aushalten müssen. Dass ihr das nichts ausmacht, ist ein bewundernswertes Zeichen für innere Stärke und Selbstbewusstsein.

Es liegt am Blickwinkel, ob die Entwicklungsschritte eines Kindes mit Freude und Lob oder mit Ungeduld und Tadel kommentiert werden. Das Feedback der Eltern und der engsten Familie trägt wesentlich dazu bei, dass Kinder ein stabiles Selbstbewusstsein aufbauen können. Je mehr echtes Lob und Anerkennung sie erhalten, desto mehr akzeptieren und mögen sie sich selbst. ◂◂◂

Wer viel Lob und Anerkennung bekommt, glaubt an seine Fähigkeiten und wird selbstbewusst.

Raus in die weite Welt

Ohne Mama in Kindergarten und Schule

Der Besuch des Kindergarten erfordert Mut und Selbstständigkeit.

■ Marco (3) soll heute das erste Mal allein im Kindergarten bleiben. Zu Hause hat er noch selbstbewusst behauptet, er schaffe das natürlich. Doch als er die Hand seiner Mutter an der Eingangstür zu seiner Gruppe loslassen soll, beginnt er zu weinen. Ob er sich zu viel vorgenommen hat?

Der Eintritt in den Kindergarten ist für viele Kinder nicht einfach. Obwohl sie neugierig und interessiert sind, haben sie doch Angst davor, die Sicherheit und Gewohnheit des eigenen Zuhauses für ein paar Stunden aufzugeben. Was passiert in der Zeit, in der sie weg sind? Ob Mama wirklich noch da ist, wenn sie zurückkommen? Gibt es im Kindergarten vielleicht Streit, schmeckt das Essen nicht oder ist das Lieblingsspielzeug unauffindbar? Um sich diesen Unsicherheiten stellen zu können, müssen Kinder auf ihre eigene Stärke vertrauen.

Mit der Zeit lernen sie, sich im Kindergarten sicher zu fühlen und die stundenweise Trennung von zu Hause nicht mehr als Bedrohung zu erleben. In der Gruppe machen sie wichtige Erfahrungen, die ihnen in der Schule, aber auch im späteren Leben von Nutzen sein werden. Sie lernen sich durchzusetzen, ihre Interessen zu vertreten, aber auch auf die Bedürfnisse anderer zu achten und sich zu integrieren. Das macht stark und selbstbewusst. Bei manchen geht das schneller, bei anderen dauert es länger. Es ist jedoch für alle Kinder eine wichtige Erfahrung, im Kindergarten gewesen zu sein.

Schulkinder brauchen Selbstbewusstsein

■ Mit dem Eintritt ins schulpflichtige Alter beginnt ein neuer Lebensabschnitt, der Kindern noch mehr Selbstständigkeit abverlangt. Der Wechsel vom Kindergarten in die Grundschule ist für alle Erstklässler ein großer Einschnitt, und trotz sorgfältiger Vorbereitung sind die zahlreichen neuen Anforderungen nicht leicht zu verkraften. Dabei sind die intellektuellen Herausforderungen für die meisten Schulkinder gut zu bewältigen. Schwieriger ist es für viele, ihre gewohnte Umgebung zu verlieren, einen geregelten Stundenplan einzuhalten, jeden Tag pünktlich aufzustehen oder ihre eigenen Wünsche und Interessen hinter die der Klasse zurückzustellen. Und dann kommen oft noch die hohen Erwartungen der Eltern dazu, die kein Kind enttäu-

Der Schulstart bringt einen großen Schritt in Richtung Selbstständigkeit

schen möchte. Das können am Anfang ganz schön viele Anforderungen auf einmal sein. Manche Kinder brauchen hier besonders viel Unterstützung.

Angst vor der Schule

■ Schüchterne, unsichere und unselbstständige Kinder haben es in dieser Situation besonders schwer. Sie leiden oft still und trauen sich kaum, ihre Ängste und Sorgen auszusprechen. Manche möchten morgens gar nicht mehr aus dem Haus gehen und weinen beim Abschied. Da ist viel Einfühlungsvermögen von Eltern und Lehrern gefragt. Je stärker und selbstbewusster ein Kind ist, desto besser kann es mit der neuen Situation umgehen. Selbstständigkeit und Selbstbewusstsein kann schon lange vor dem Schuleintritt aufgebaut werden:

- Übertragen Sie Ihrem Kind kleine Aufgaben im Haushalt und vermitteln Sie ihm damit das Gefühl, wichtig zu sein.
- Sorgen Sie für regelmäßige Kontakte zu Freunden über den Kindergarten und die Schule hinaus.
- Zeigen Sie Ihrem Kind, wozu Lesen, Rechnen und Schreiben gut sind.
- Geben Sie Ihrem Kind einen Talisman mit in die Schule oder den Kindergarten, damit es sich nicht so einsam fühlt.
- Lassen Sie Ihr Kind viel von seinen täglichen Erfahrungen erzählen.
- Nutzen Sie das abendliche Gutenachtsagen, um Ihrem Kind die schönen Momente des Tages in Erinnerung zu rufen.
- Sparen Sie nicht mit Lob, denn jeder Tag ist für Ihr Kind eine Herausforderung.

Je besser die Schulanfänger vorbereitet sind, desto leichter fällt ihnen die Umstellung. Entscheidend ist, ob es Ihnen gelingt, Ihrem Kind Lust auf die Schule zu machen, ohne ein falsches Bild von ihr zu zeichnen. Eine positive Einstellung hilft Ihrem Kind, die ersten Tage und Wochen besser zu überstehen. Dabei sind kleine Fehlschläge normal. Manchmal vergisst es die Hausaufgaben, hat seine Malsachen nicht dabei oder das Sportzeug nicht eingepackt. Kein Grund sich aufzuregen, denn auch der Schulalltag wird nach einiger Zeit zur Routine. ≪≪

Erstklässler brauchen Zeit, um sich an die neuen Anforderungen zu gewöhnen.

Wissen macht stark
Kinder, die viel fragen, erobern die Welt

■ Sven (4) geht das erste Mal zusammen mit seinen Großeltern ins Theater. Ängstlich umklammert er die Hand seines Opas, denn er weiß nicht, was ihn erwartet. Vor jedem neuen Vorhang lässt er sich ganz genau erklären, was auf der Bühne passiert. Erst dann kann er der weiteren Vorstellung in Ruhe folgen. Wie gut, dass sein Opa ein sehr geduldiger Mensch ist und jede Frage ausführlich beantwortet.

Als sich die beiden einige Wochen später ein weiteres Theaterstück ansehen, ist Sven viel sicherer. Da er nun weiß, was ihn erwartet, hat er viel weniger Angst. Das Wissen hat ihn selbstbewusst gemacht.

Um sich sicher zu fühlen, muss ein Kind fragen dürfen und sich mitteilen können. Was für Erwachsene selbstverständlich ist, ist für Kinder oft noch Neuland. Mit ihrer Neugier, ihrem Forschergeist und ihren nicht enden wollenden Fragen bahnen sie sich einen Weg durch den Dschungel einer unbekannten Welt. Dabei erfahren sie viel über die Menschen und die Dinge, die sie umgeben, und lernen auch, was erlaubt und was verboten, was erwünscht und was tabu ist. Je mehr Kinder wissen, desto sicherer können sie sich in ihrer Umwelt bewegen. Um diese Sicherheit zu gewinnen, brauchen sie die Unterstützung von Erwachsenen.

Je mehr ein Kind fragt, desto schneller lernt es die Welt kennen.

Eltern können die Neugier und Lernfreude des Kindes unterstützen

Dumme Fragen gibt es nicht

■ Auf keinen Fall sollten Sie Ihrem Kind vermitteln, dass seine Fragen unerwünscht, nervig oder dumm sind. Solche negativen Reaktionen führen dazu, dass Ihr Kind sich nicht mehr traut, Fragen zu stellen, auch nicht bei anderen

Menschen oder in der Schule. Es fühlt sich als Person abgelehnt und möchte seine Sympathien nicht verspielen. Also hält es lieber den Mund, als eine Abfuhr nach der anderen zu bekommen. Sein Selbstbewusstsein leidet, und es verpasst dadurch viele Gelegenheiten, seinen Erfahrungsschatz und sein Wissen zu erweitern. Warum fällt der Vogel nicht vom Himmel? Wann schlafen Bäume? War Oma auch mal ein Kind? Das sind wichtige Fragen für einen kleinen Forscher, denen er später vielleicht als Biologe intensiver nachgehen wird.

Motivieren Sie Ihr Kind dazu, selbst Antworten zu finden

■ Je mehr Kinder fragen, desto eher sind sie dazu in der Lage, eigene Antworten zu finden. Machen Sie es Ihrem Kind nicht zu leicht, ein wenig selber Denken darf schon sein. Die Antworten, die einem Kind auf seine Fragen einfallen, sind oft spektakulär einfach und überzeugend logisch. Erhält es für seine Ideen und Vorschläge Anerkennung, wächst sein Vertrauen in seine Fähigkeiten nahezu von selbst. Eigene Lösungen zu finden, ist für Ihr Kind eine wichtige Erfahrung, die Lust macht auf mehr. Je öfter Ihr Kind durch sein Fragen Erfolgserlebnisse hat, desto häufiger wird es diese Form der Kommunikation nutzen, um sich weiterzuentwickeln. Selbst Antworten zu finden und Zusammenhänge zu erkennen, macht stark und neugierig auf die Geheimnisse der Welt.

Hinter Fragen verstecken sich oft Gefühle

■ Wer sich traut, Fragen zu stellen, nimmt damit auch Kontakt zu seiner Umwelt auf. Ein fragendes Kind offenbart seine Unsicherheit, seine Ängstlichkeit, seine Unkenntnis. Es trägt seine Gefühle nach außen und bittet andere um Hilfe. Ein Kind fragt nicht wahllos, sondern überlegt genau, wem es sein Vertrauen schenkt. Fühlen Sie sich geschmeichelt, wenn Ihr Kind Sie zu seiner Vertrauensperson macht. Und scheuen Sie sich nicht, ab und zu Ihr Unwissen zuzugeben. Für Ihr Kind ist nicht wichtig, dass Sie auf alles eine Antwort haben, sondern dass Sie ehrlich und geduldig auf seine Fragen eingehen. Wenn Fünfjährige wissen wollen, wohin ein Luftballon fliegt, oder wenn Siebenjährige sich über den Tod Gedanken machen, kann die Erklärung schon mal einige Zeit in Anspruch nehmen. Versuchen Sie herauszubekommen, warum Ihr Kind diese Fragen stellt. Vielleicht steckt eine ernste Sorge dahinter. Kinder brauchen Erwachsene, die ihnen dabei helfen, Gefühle zu verstehen und mit ihnen umzugehen. Das Wissen, mit seinen Fragen gut aufgehoben zu sein, gibt Ihrem Kind Kraft und Sicherheit. ◂◂◂

Es gehört Mut dazu, Gefühle der Angst oder Unsicherheit anzusprechen.

Neugier fördern

Regen Sie Ihr Kind zum genauen Beobachten an und suchen Sie gemeinsam nach Antworten auf seine Fragen: „Du möchtest wissen, wo China liegt? Komm, wir schauen, ob wir es im Atlas finden."

Jungen und Mädchen sind stark
Wie Kinder lernen, sich selbst zu mögen

Seine Stärken und Schwächen zu kennen und zu akzeptieren, macht sicher.

■ Im Kindergarten ist Streit zwischen Ina (5) und Jenning (4) um einen Ball entbrannt. Die beiden Kinder versuchen, sich gegenseitig das Spielzeug zu entreißen. Obwohl Jenning jünger ist, hat er genügend Kraft, um den Ball an sich zu bringen. Ina gibt vorerst nach und lässt ihm den Ball. Doch dann wendet sie sich an eine Erzieherin und beschwert sich über Jenning. Diese schlichtet den Streit und findet mit den Kindern einen Kompromiss.

Jungen und Mädchen sind in ihrem Verhalten oft unterschiedlich. Mädchen sind in der Regel weniger aggressiv als Jungen, sie passen sich leichter an und setzen mehr auf Kommunikation. Jungen lieben es zu kämpfen, verehren Sportler und fantastische Comic-Helden. Mädchen mögen eher Bücher, Brettspiele und Gespräche. Beide Verhaltensweisen haben ihre Vorteile.

Im Kindergarten und in der Schule zahlt sich das Reden oft aus, denn Konflikte sollen nicht mit Gewalt gelöst werden. Aber es gibt auch Situationen, in denen das Kampfverhalten der Jungen angemessen ist, zum Beispiel beim Kräftemessen auf dem Spiel- oder Sportplatz. Die Stärke und ihre Fähigkeit, sich körperlich durchzusetzen, gibt Jungen ein Gefühl der Sicherheit. Mädchen hingegen fühlen sich oft schutzbedürftiger, sind jedoch stolz darauf, nicht so viel Ärger zu bekommen und sich nicht zu schlagen. Es ist Aufgabe von Erziehung (Eltern, Kindergarten und Schule), Kindern einen sinnvollen Umgang mit Kraft und Sprache zu vermitteln.

Zeigen Sie Ihrem Sohn, wann er seine Kraft sinnvoll einsetzen kann („Hilf mir bitte mal, diesen schweren Topf hochzuheben."), und zeigen Sie ihm ebenfalls, wann es besser ist, seine sprachlichen Möglichkeiten zu nutzen („Sag mir, worüber du wütend bist, anstatt gegen die Tür zu treten."). Ebenso können Sie ein Mädchen für sein soziales Verhalten loben („Toll, dass du so schön leise bist, damit das Baby nicht wach wird.") und es darin unterstützen, sich in manchen Situationen mehr durchzusetzen („Wenn du dich ärgerst, kannst du ruhig mal deine Wut rauslassen.") So bestärken Sie bestehende Fähigkeiten und erweitern darüber hinaus die Kompetenzen Ihres Kindes.

Ich bin okay

■ Sobald Kinder anfangen, sich selbst Eigenschaften zuzuschreiben, zum Beispiel „ich bin stark", „ich bin schnell", „ich bin tollpatschig" oder „ich bin lieb", entwickeln sie ein Bild von sich, das positive und negative Eigenschaften umfasst. Ob Kinder ein gutes Gefühl zu sich und ihrem Körper haben, sich selbst mit all ihren Besonderheiten akzeptieren und somit auf Dauer ein stabiles Selbstwertgefühl aufbauen können, hängt immer von den Reaktionen ihrer Umwelt ab. Gerade Eltern tragen schon in den ersten Lebensjahren dazu bei, wie sich das Verhältnis ihrer Kinder zum eigenen Aussehen, zum eigenen Körper und ihrem Geschlecht entfaltet. Da ein Kind sehr sensibel auf Zuspruch und Ablehnung reagiert, sollten Sie vorsichtig mit Kritik umgehen und Ihren Blick auf das Positive richten. Wählen Sie Sätze wie „Ich finde gut, dass ...", „Mir gefällt, dass ...", „Das hast du gut gemacht.", „Ich bin beeindruckt davon, wie du ...". Negative Kommentare und Zuschreibungen können sich im Kopf Ihres Kindes festsetzen und seine Entwicklung blockieren. Vermeiden Sie daher Sätze wie „Sei doch nicht so schusselig!", „Was hast du denn da wieder für einen Unsinn gemacht!", „Immer bist du so aggressiv!".

So helfen Sie Ihrem Kind spielerisch, ein positives Körpergefühl zu entwickeln

- Kuscheln und schmusen Sie mit Ihrem Kind, so oft es das möchte.
- Lassen Sie es im Sommer auch mal nackt herumlaufen.
- Turnen, rennen, springen und klettern Sie gemeinsam.
- Laufen Sie zusammen barfuß über eine Wiese, über Sand oder Holz.
- Spielen Sie: Wo sind deine Zehen? Wo sind deine Hände?
- Sprechen Sie über Körperwahrnehmungen, zum Beispiel „Jetzt fühlst du dich aber müde" oder „Spürst du deine Kraft beim Werfen?".
- Regen Sie Ungewohntes an: Malen mit dem Fuß oder Laufen auf Zehenspitzen.

Starke Vorbilder – starke Kinder

■ Eltern, die mit sich und ihrem Lebensmodell zufrieden sind, übertragen diese Lebensqualität auch auf ihre Kinder. Dabei ist es egal, wie Sie ihren Alltag gestalten. Eine Mutter und Hausfrau vermittelt ebenso wie die leitende Angestellte ein funktionierendes Rollenvorbild. Und ob der Papa Hausmann, Angestellter, Handwerker oder freischaffender Künstler ist – solange die Familie damit glücklich ist, sind die Auswirkungen auf die Kinder positiv. Was zählt, ist die Zufriedenheit mit dem eigenen Lebensentwurf. Denn Kinder müssen lernen, sich selbst zu akzeptieren, mit all ihren Eigenheiten, Stärken und Schwächen. Eltern, die eine positive Einstellung zu sich und ihrem Leben vermitteln und auch mit den eigenen Schwächen und Unzulänglichkeiten offen umgehen, helfen Kindern dabei, diese Sicherheit zu gewinnen. <<<

Das Verhalten der Kinder spiegelt oft das Verhalten der Eltern.

Die Arbeit läuft nicht davon, wenn du dem Kind den Regenbogen zeigst. Aber der Regenbogen wartet nicht, bis du mit deiner Arbeit fertig bist.

(Chinesisches Sprichwort)

Das Selbstwertgefühl unterstützen
Zeigen Sie Ihre Liebe und Zuneigung

■ Kinder brauchen Zuwendung und Liebe, um seelisch zu überleben. Dabei reicht es nicht, dass Sie Ihr Kind lieben und das wissen, Sie müssen es ihm auch zeigen. Und zwar jeden Tag aufs Neue, auch wenn Ihr Kind älter und anstrengender wird. Der Säugling wird rund um die Uhr gestreichelt, getragen und geküsst, denn sein Aktionsradius ist noch sehr eingeschränkt. Je älter ein Kind wird, desto mehr möchte es seinen eigenen Willen durchsetzen, ständiger Körperkontakt ist dann nicht mehr möglich oder erwünscht. Ein heranwachsendes Kind schwankt ständig zwischen Trennungsangst und Abenteuerlust, das ist aufreibend und kann die Nerven aller stark strapazieren.

Wenn Ihr Kind Ihnen mal wieder einen Trotzanfall beschert hat, ist es nicht so einfach, den überstandenen Stress und Ärger abzustreifen und das kleine Energiebündel liebevoll in den Arm zu nehmen. Es ist völlig in Ordnung, auf das eigene Kind in schwierigen Situationen wütend zu sein und ihm dies auch zu zeigen. Wenn die Auseinandersetzung vorbei ist, sollten Sie aber unbedingt wieder einlenken und Ihrem Kind zeigen, dass es Ihre Liebe durch sein Verhalten nicht verloren hat.

Konstruktiv kritisieren

■ Kritisieren Sie in Konflikten nie Ihr Kind, sondern nur sein Verhalten. Zeigen Sie ihm aber gleichzeitig auch, was es besser machen kann. „Ich verstehe deinen Zorn, aber vielleicht finden wir einen andern Weg das Problem zu lösen. Hast du eine Idee?" Auseinander-

Kinder brauchen Tag für Tag die Gewissheit, geliebt zu werden.

Die Liebe und Zuwendung der Eltern macht Kinder stark

setzungen zwischen Kindern und Eltern sind unabdingbar für die Entwicklung einer eigenständigen Persönlichkeit. Denn letztlich geht es beim Erziehen immer darum, das Kind auf seinem Weg vom abhängigen Säugling zu einem starken, selbstständigen Menschen zu begleiten. Das beinhaltet in nahezu allen Lebensphasen auch Ablösungskämpfe, die aber keinen Liebesentzug nach sich ziehen dürfen. Tun sie es doch, verliert das Kind den Glauben an sich selbst.

Das heißt: Beschließen Sie jede Auseinandersetzung und jeden Tag positiv, egal was vorgefallen ist. Kindergartenkinder können mit der Versöhnung nicht bis zum Abend warten, ihre Gefühlswelt ist noch impulsiv und direkt. In der einen Minute können sie schreiend auf der Erde liegen und ein Eis verlangen, in der nächsten hingebungsvoll die vorbeikommende Katze streicheln. Lassen Sie nach einer Auseinandersetzung nicht zu viel Zeit vergehen, bis Sie Ihr Kind wieder liebevoll in den Arm nehmen und eventuell über den Vorfall sprechen. So geben Sie ihm in einer sich täglich verändernden Welt Halt und Sicherheit.

Lob, Ermutigung und Anerkennung

■ Liebevoller Körperkontakt ist eine Art, Ihrem Kind Wertschätzung zu zeigen, Sprache ist die andere. Schon früh reagieren Säuglinge auf den Tonfall von Stimmen. Sie können rasch erkennen, ob dahinter ein Lob oder eine Kritik steckt. Wenn das Verständnis der gesprochenen Sprache wächst, erfasst das Kind neben der Haltung auch den Inhalt des Gesprochenen. Es weiß dann nicht nur, dass es etwas falsch gemacht hat, sondern auch was. Ebenso versteht es, was ihm gut gelungen ist.

Im anstrengenden Erziehungsalltag mit Kindern neigen Eltern schnell dazu, nur noch auf störendes Verhalten sprachlich zu reagieren und positives Verhalten nicht zu kommentieren. Dabei ist gerade das enorm wichtig, denn so können Kinder klar und deutlich erkennen, was von ihnen erwartet wird. „Super, dass du deine Jacke gleich an den Haken gehängt hast!" oder „Prima, wie schön du dir schon alleine die Zähne putzen kannst.": Solche konkreten Anerkennungssätze machen ein Kind glücklich und stolz. Es wird versuchen, auch in Zukunft solch ein Lob zu erhalten und das erwünschte Verhalten wiederholen.

Natürlich muss ein Lob immer echt sein, sonst ist es unglaubwürdig und wirkt nicht. Es sollte sich auf das Verhalten Ihres Kindes beziehen, da es dieses beeinflussen kann und soll. „Du hast ja so eine süße kleine Nase", ist zwar ein nettes Kompliment, das Kind kann aber herzlich wenig dafür. „Wie schön, dass du dir heute Morgen deine Haare ganz alleine gekämmt hast", erkennt ein positives Verhalten an, das sich wiederholen lässt. So weiß ein Kind genau, was von ihm erwartet wird und wie es auch in Zukunft Anerkennung erhalten kann. <<<

Nach einem reinigenden Gewitter brauchen Kinder wieder Sonnenschein.

Geduldig zuhören und klare Regeln aufstellen

Kinder brauchen Halt und Orientierung

Sprache ist ein gutes Mittel, die Welt zu erklären und zu verstehen.

„Wofür ist das Tiefkühlfach?", will Tim (4) von seiner Mutter wissen. Als er erfährt, dass sich darin Lebensmittel länger halten, ist er sehr stolz auf sein neues Wissen. Nach dem nächsten Einkauf packt Tim so viel wie möglich ins Tiefkühlfach hinein. Seine Mutter ist ganz schön erstaunt, als sie die Marmelade, die Milch und den Zucker nach langem Suchen endlich dort findet. Kein Grund zum Schimpfen, denn Tim hat nur versucht, sein neu erworbenes Wissen sinnvoll anzuwenden.

Kinder möchten ihre Eindrücke und Erkenntnisse nicht für sich behalten, sondern sie anderen mitteilen. Wenn sie dann ihr neues Wissen anwenden, erwarten sie Lob und Anerkennung. Bekommen sie diese positiven Rückmeldungen nicht oder treffen sie stets auf Ungeduld und Zeitmangel, verlieren sie nach und nach ihren Wissensdurst. Es ist daher wichtig, dass Sie sich für die kindlichen Fragen ausreichend Zeit nehmen. Versuchen Sie nachzuvollziehen, wie Ihre Antworten beim Kind ankommen, damit Sie sicher sein können, dass es Ihre Erklärungen auch verstanden hat.

Kinder wollen sich austauschen

Erst durch Fragen und Erzählen können Kinder das Gesehene und Gelernte optimal verarbeiten. Es ist wichtig, dass Kinder dazu genügend Gelegenheit bekommen und in ihrem Hinterfragen der Welt bestärkt werden. Natürlich kostet es Geduld und Zeit, wenn Ihr Kind nicht einfach glaubt, dass Styropor leicht ist, sondern es selbst ausprobieren möchte. Sein Lerngewinn durch das praktische Erfahren ist jedoch ungleich größer als Ihr Zeitgewinn, wenn sie es nicht zulassen. Geben Sie Ihrem Kind das Gefühl, dass seine Fragen, Ideen und Vorstellungen wichtig sind. Geben Sie ihm Anerkennung durch geduldiges Zuhören und ernsthaftes Beantworten seiner Fragen. Dadurch fühlt es sich angespornt, auch im Kindergarten oder in der Schule selbstbewusst aufzutreten.

Erklärungen bieten Orientierung

Sobald ein Kind verstanden hat, warum es bestimmte Dinge tun oder lassen soll, wird es Ihre Anweisungen eher befolgen. Anstatt zu befehlen: „Du schnallst dich im Auto an, sonst werde ich sauer!", geht es mit mehr Geduld und einer einleuchtenden Erklärung einfacher: „Du musst dich beim Autofahren

Kinder werden sicher, wenn sie wissen, wo es langgeht

unbedingt anschnallen. Wenn wir in einen Unfall geraten, kann es sonst passieren, dass du dir sehr weh tust."

Wenn Ihr Kind eine Vorstellung davon bekommt, warum es sich anschnallen soll, fällt es ihm viel leichter, dies zu tun. Es wird nicht mehr herumkommandiert, sondern in seinem Verantwortungsgefühl angesprochen, und wird deshalb eher bereit sein zu kooperieren.

Klarheit und Grenzen geben Sicherheit

Kinder brauchen Grenzen und klare Regeln, damit sie sich sicher im Alltag bewegen können. Stellen Sie sich vor, sie sollen in einem fremden Land die Verkehrsregeln beachten, können jedoch die Schilder nicht lesen. Prompt machen Sie einen Fehler nach dem anderen, und Ihr Selbstbewusstsein fällt ins Bodenlose. Ebenso kann es Ihrem Kind ergehen, wenn es nicht genau weiß, was eigentlich erlaubt und was verboten ist. Je jünger ein Kind ist, desto mehr ist es darauf angewiesen, dass klare Regeln seinen Alltag begrenzen: "Was darf ich eigentlich im Fernsehen gucken?", "Ist Fußballspielen im Wohnzimmer erlaubt?", "Um wie viel Uhr muss ich ins Bett?". Eine Regel zu kennen, gibt Ihrem Kind Sicherheit. Es kann (und wird) dann trotzdem immer wieder entscheiden, ob es die Regel einhalten will oder nicht. Solche Machtspiele gehören zur kindlichen Entwicklung dazu, und Ihr Kind wird lernen, die Konsequenzen eines Regelverstoßes selbst zu tragen.

Mit konkreten Anweisungen können Kinder gut umgehen, unklare Hinweise hingegen bergen viel Potenzial, etwas falsch zu machen.

Klar: "Bitte wasch dir vor dem Essen die Hände."
Unklar: "Du siehst immer so schmuddelig beim Essen aus."
Klar: "Nach dem Zähneputzen darfst du noch zehn Minuten spielen, dann wird das Licht ausgemacht."
Unklar: "Heute Abend gehst du aber früher ins Bett als gestern." «<<

Die natürliche Neugier der Kinder fordert geduldige Antworten.

Aus Fehlern lernen
Misserfolge verkraften und Probleme lösen

■ Karoline (6) konnte der Versuchung nicht widerstehen und hat bei ihrer Freundin Sabrina heimlich eine Tafel Schokolade mitgenommen. Vor dem Schlafengehen gesteht sie ihrer Mutter unter Tränen den Diebstahl. Sie hat ein furchtbar schlechtes Gewissen und weiß nicht, was sie nun tun soll. Die Mutter tröstet ihre Tochter, anstatt ihr Vorwürfe zu machen. Gemeinsam überlegen sie, wie sich die Tat wieder gutmachen lässt. Sie beschließen, Sabrina am nächsten Tag alles zu erzählen und ihr als Entschuldigung zwei Tafeln Schokolade mitzubringen. Endlich kann Karoline einschlafen.

Karolines Mutter hat sich vorbildlich verhalten. Ohne ihrer Tochter lange Vorwürfe zu machen, hat sie den Diebstahl als einmaliges Fehlverhalten akzeptiert und sofort mit ihr nach einer Lösung gesucht. Karoline lernt daraus, dass Fehler nicht versteckt und verheimlicht werden müssen, sondern dass man über sie sprechen und sie korrigieren kann. Sie hat große Stärke bewiesen, indem sie den Diebstahl gebeichtet und nicht verheimlicht hat. Die Reaktion ihrer Mutter unterstützt ihr Verhalten und zeigt ihr, dass diese Offenheit der richtige Weg war. Mit großer Wahrscheinlichkeit wird sie sich auch in Zukunft ihrer Mutter anvertrauen.

Eigene Fehler eingestehen ist mutig und verlangt Anerkennung.

Es gehört Größe dazu, einen Fehler einzugestehen

■ Fehler zu machen ist gut, denn durch sie lernt man etwas und erkennt, wie sich Dinge besser machen lassen. Deshalb sind sie kein Grund, traurig zu sein. Wer Fehler konstruktiv betrachtet, hat etwas Wichtiges für sein Leben gelernt. Kinder machen viele Fehler, das ist ganz normal. Aber sie müssen lernen, zu ihren Fehlern zu stehen und nicht vor ihnen wegzulaufen. Wenn ein Kind Angst vor den Konsequenzen seines Tuns hat, traut es sich irgendwann nichts mehr zu. Dieser Angst vor Strafe oder Scham können Sie als Eltern vorbeugen, indem Sie Fehler als etwas Positives sehen und das Ihrem Kind auch vermitteln.

Fehler können wieder gutgemacht werden

■ Ihr Kind hat mit seinen neuen Filzstiften die Tapete bemalt oder Schokolade auf dem Sofa verschmiert? Wenn Sie jetzt wütend werden, Ihr Kind anschreien und Strafen verhängen, wird dies wahrscheinlich nie wieder passieren. Aber vieles, was Ihrem Kind in Zukunft misslingt, werden Sie gar nicht mehr erfahren. Aus Furcht vor Strafe wird Ihr Kind künftig seine Fehler möglichst verschweigen. Außerdem entwi-

ckelte es Angst davor, Neues auszuprobieren, denn es könnte ja etwas schiefgehen.

Schlucken Sie Ihren Ärger also besser herunter und suchen Sie gemeinsam mit Ihrem Kind nach Wiedergutmachungsmöglichkeiten: Kann die Tapete zusammen übermalt werden? Gibt es ein tolles Reinigungsmittel für das Sofa? Und: Verstecken Sie auch Ihre eigenen Fehler nicht, denn der Umgang mit ihnen dient Ihrem Kind als Vorbild.

Kann Ihr Kind Misserfolge verkraften?

■ Helfen Sie Ihrem Kind mit Misserfolgen umzugehen. Vielleicht hat es in einem Wettbewerb nur den letzten Platz belegt oder die selbst gebaute Legoburg ist eingestürzt? Kein Grund, lange traurig zu sein. Überlegen Sie gemeinsam, was die Ursache für den Misserfolg war und entwickeln Sie Pläne für einen neuen Versuch. Zeigen Sie Ihrem Kind auch, dass sowohl der Wettkampf an sich als auch das Bauen der Burg viel Spaß gemacht haben. Halten Sie sich nicht zu lange beim Misserfolg auf, sondern schauen Sie nach vorne und motivieren Sie Ihr Kind, es erneut zu versuchen:

■ „Beim nächsten Mal kannst du das schon viel besser!"
■ „Komm, wir probieren es gleich noch einmal!"
■ „Die Burg sah toll aus, die bauen wir jetzt noch besser wieder auf."
■ „Ich finde es sehr mutig, dass du bei dem Wettkampf mitgemacht hast."

Machen Sie Ihrem Kind Lust und Mut auf Neues

■ Kinder brauchen Anregungen und Herausforderungen, um daran zu wachsen. Zum einen bietet der Alltag Ihrem

Gemeinsam lassen sich fast immer Lösungen finden.

Kind zahlreiche Gelegenheiten, sich zu erproben. Zum anderen haben Kinder viel Fantasie und jede Menge Ideen, die es zu verwirklichen gilt. Dabei dürfen sie aber nicht überfordert werden, denn das würde ihren Entdeckergeist bremsen. Die Aufgabe der Eltern ist es, sinnvolle Aufgaben von sinnlosen Herausforderungen zu trennen. Kindgerechte Aufgaben sind immer so konzipiert, dass sie mit etwas Anstrengung durchaus zu bewältigen sind.

Kleine Projekte machen stolz und stark

■ Legen Sie zum Beispiel gemeinsam mit Ihrem Kind im Frühjahr ein kleines Blumenbeet auf dem Balkon oder im Garten an und übertragen Sie ihm die Bewässerungsdienste. Wenn dann im Frühsommer die ersten Blumen blühen, ist die Freude groß, und der kleine Gärtner kann zu Recht stolz sein. Je nach Alter des Kindes ist ein wenig Hilfe natürlich erlaubt.

Auch im zwischenmenschlichen Bereich brauchen Kinder manchmal Unterstützung: Ihre Tochter möchte sich mit einem älteren Mädchen anfreunden, traut sich aber nicht, sie anzusprechen? Bieten Sie ihr Hilfe zur Selbsthilfe an. Zum Beispiel können Sie einen gemütlichen Spielenachmittag mit Keksen und Tee veranstalten, zu dem Ihre Tochter das Mädchen einladen darf. Bestärken Sie Ihr Kind darin, seine Ideen und Pläne zu verwirklichen. Und trösten Sie es, wenn mal etwas schief geht. Das passiert jedem und ist kein Grund, zu verzweifeln oder aufzugeben.

Kinder übernehmen gerne Verantwortung, das macht sie stolz.

So stärken Sie Ihr ängstliches Kind

■ Alle Kinder haben Angst, manche mehr und manche weniger. Angst ist meistens eine gesunde Reaktion auf neue und unbekannte Situationen, aber auch auf Gefahr. Eingreifen müssen Sie erst, wenn Ihr Kind permanent ängstlich ist und sich gar nichts mehr zutraut. Schauen Sie sich jede Situation genau an und fragen Sie Ihr Kind, wovor es Angst hat. Handelt es sich um eine reale Furcht, zum Beispiel vor einem Hund, brauchen Sie zunächst nicht einzuschreiten. Die Angst wird von selbst verschwinden, wenn kein Hund in der Nähe ist oder wenn Ihr Kind beginnt, Hunde interessant zu finden. Dann kann es aktiv werden und sich beispielsweise mit dem Hund der Nachbarn intensiver befassen. Davon verschwindet die Angst.

Das macht ängstliche Kinder stark:

- Nehmen Sie die Angst Ihres Kindes ernst und sprechen Sie mit ihm darüber.
- Helfen Sie ihm, Fantasie und Wirklichkeit zu unterscheiden.
- Mit einem Talisman oder anderen Mutsymbolen werden Fantasieängste bekämpft.
- Angstmachende Situationen werden in kleinen Schritten bewältigt.
- Machen Sie Ihrem Kind Mut, indem sie es auf seine Stärken und Erfolge hinweisen.

Schwieriger ist es, mit Trennungsängsten und eingebildeten Ängsten umzugehen. Viele Kinder weinen noch, wenn sie morgens in den Kindergarten gebracht werden. Die Angst vor dem unbekannten Tag und der Trennung von der Familie lässt nur langsam nach. Manchmal hilft da ein kleiner Talisman in der Hosentasche, der eine Verbindung mit Zuhause darstellt. Trennungsangst begegnen Sie am besten, indem Sie Ihrem Kind viel Sicherheit geben und dabei ganz verlässlich sind: Holen Sie es also nicht erst um zwei Uhr vom Kindergarten ab, wenn ein Uhr vereinbart war. Die Angst vor Fantasiegestalten lässt sich ebenfalls mit Fantasie bekämpfen: Ein Stofftier wird beispielsweise zum Schutzengel erklärt und beugt so Albträumen vor.

Bei Frust und Misserfolgen helfen Aufmunterung und Zuspruch

Schwaches Selbstbewusstsein muss nicht sein

■ Wenn Kinder sich von ihren Eltern oder Freunden nicht angenommen fühlen, leidet schnell ihr Selbstbewusstsein. Auch fehlende Erfolgserlebnisse oder die Dominanz eines älteren Geschwisterkindes können der Grund für den mangelnden Glauben an sich selbst sein. In solchen Fällen müssen Kinder sensibel aufgebaut werden. Ihre Stärken und Fähigkeiten müssen geduldig und konsequent hervorgehoben werden. Anhand von kleinen, bewältigbaren Aufgaben wächst nach und nach wieder der Glaube an das eigene Können. Auch ein Haustier, dem Kinder ihre Sorgen und Ängste anvertrauen können, hilft, selbstbewusster zu werden.

Ihr Kind braucht Sie

■ Kinder sind abhängige, kleine Persönlichkeiten, die auf den Schutz und die Liebe der Familie angewiesen sind. Ohne den Rückhalt der Eltern, ohne Lob und Anerkennung und ein Lebensumfeld, in dem sie sich und ihre Fähigkeiten ausprobieren können, gelingt es ihnen nicht, zu starken Persönlichkeiten heranzuwachsen. Gerade in den ersten Lebensjahren liegt es daher in der Verantwortung der Eltern, ihr Kind darin zu unterstützen, ein sicherer, neugieriger und selbstbewusster Mensch zu werden. ≪≪

Mit Lob und Anerkennung stärken Sie auch ein schwaches Selbstbewusstsein.

Service

Zum Weiterlesen

Bücher für Eltern:

■ **Katharina Zimmer:**
Widerstandsfähig und selbstbewusst. Kinder stark machen fürs Leben
Kösel Verlag
Kempten 2002

Welche Schätze stecken in unseren Kindern? Wie können wir diese Schätze bergen? Und was müssen gute Eltern tun, um ihr Kind widerstandsfähig und stark zu machen? Der Elternratgeber von Katharina Zimmer zeigt anhand eines Stärke- und Vertrauensmodells, wie Eltern ihre Kinder beim Größerwerden unterstützen können. Dabei geht es der Autorin darum, dass Eltern die Fähigkeiten und Stärken ihres Kindes wecken, ohne hohe Leistungen zu erwarten oder unerfüllbare Anforderungen zu stellen. Dadurch entwickeln sich selbstbewusste und widerstandsfähige Kinder, die auch unvorhergesehene Situationen und Herausforderungen sicher meistern können.

■ **Christine Kügerl:**
Selbstbewusst und rücksichtsvoll. Wie Kinder starke und einfühlsame Persönlichkeiten werden
Verlag Herder
Freiburg 2004

Kinder sind unterschiedlich, und Christine Kügerl zeigt, wie sowohl robuste als auch sensible Kinder Durchsetzungsvermögen und emotionale Kompetenz erwerben können. Schon im Vorschulalter können Eltern die Weichen dafür stellen und jedes Kind entsprechend seinen Möglichkeiten fördern. Der Aufbau sozialer Kompetenzen, eine ganzheitliche Erziehung und der Wert von Gefühlen sind zentrale Bausteine von Kügerls Starkmach-Erziehung. Wie das geht, zeigt die erfahrene Familienberaterin anhand von zahlreichen Beispielen aus dem Alltag mit Kindern. Das Buch ist sehr praktisch und bietet für viele Alltagssituationen konkrete Handlungsmöglichkeiten.

■ **Gabriele Haug-Schnabel / Barbara Schmid-Steinbrunner:**
Wie man Kinder von Anfang an stark macht. So können Sie Ihr Kind erfolgreich schützen – vor der Flucht in Angst, Gewalt und Sucht
Oberstebrink Verlag
Ratingen 2002

Die Autorinnen plädieren für eine Schutzerziehung, um die Entwicklung von Kindern optimal zu unterstützen. Ein wichtiger Bestandteil der Schutzerziehung ist, dass Eltern ihren Kindern etwas zutrauen. Nur dann können sich diese im späteren Leben selbst etwas zutrauen. Dazu müssen Eltern immer genau wissen, was ihr Kind in der jeweiligen Entwicklungsphase kann und was nicht. So helfen sie ihrem Kind dabei, seine Fähigkeiten und Stärken zu entdecken und Erfahrungen fürs Leben zu sammeln.

■ **Thomas Grüner:**
Was Kinder stark und glücklich macht. Die kleine Elternschule
Verlag Herder
Freiburg 2005

Thomas Grüner möchte ratlosen Eltern eine Orientierungshilfe im komplexen Erziehungsalltag bieten. Fünf Dinge machen Kinder nach seinem Modell sicher und lebenstüchtig: Orientierung, Bindung, Einflussmöglichkeiten, Spaß und Anerkennung. Diese Bausteine müssen in eine Balance gebracht werden, damit Kinder stark und glücklich werden. Der Diplompsychologe und Vater gründete das Freiburger Institut für Konfliktkultur und arbeitet seit Jahren erfolgreich mit Kindern aller Altersstufen.

■ **Sylvia Schneider:**
Das Stark-mach-Buch. Wie Kinder selbstbewusst und selbstsicher werden
Christophorus im Verlag Herder
Freiburg 2002

In neun Kapiteln lernen Eltern, wie sie ihre Kinder fit fürs Leben machen. Es geht um Gefühle, Grenzen, Streit, Sinnesfreuden und Zuwendung. Ein wunderschön gestaltetes Buch mit vielen Tipps und Spielanregungen, das auch Kinder gerne betrachten werden. Liebevolle Zeichnungen und Fotos verdeutlichen die Haltung des Buches: Erziehung ist eine spannende Sache, die Kindern und ihren Eltern Spaß macht. Langweilige Erziehungstheorie oder den erhobenen Zeigefinger werden Sie hier vergeblich suchen. Stattdessen präsentiert das Buch einfallsreiche Spielideen, um Jungen und Mädchen zu mehr Selbstsicherheit und Lebensfreude zu verhelfen.

■ **Renate Zimmer:**
Kinder brauchen Selbstvertrauen. Bewegungsspiele, die klug und stark machen
Verlag Herder
Freiburg 2006

Dieser Elternratgeber ist randvoll mit Anregungen, wie Kinder ihre Umwelt mit all ihren Sinnen erforschen und erfahren können. Selber ausprobieren macht selbstständig und kompetent. Die erfahrene Sportpädagogin stellt in diesem Buch die schönsten Bewegungsspiele für drinnen und draußen vor. Ob an einem Regentag, beim Kindergeburtstag oder einfach so nach dem Mittagessen – für jede Situation finden Sie hier das passende Spiel.

Service

Zum Weiterlesen

■ **Rosemarie Portmann:**
Spiele, die stark machen
Don Bosco Verlag
München 1998
Die in diesem Buch versammelten Spiel- und Handlungsformen sind sehr gut geeignet, das Selbstvertrauen von Kindern zu stärken, und schöpfen die pädagogischen Möglichkeiten von Spielen voll aus. Kinder üben, erfolgreich mit sich und andern umzugehen, Vertrauen zu gewinnen und sicher zu werden. Die Themen sind: die eigenen Stärken kennen lernen, Stärke gewinnen, Stärke zeigen, gemeinsam stark sein.

Bücher für Kinder:

■ **Avi:**
Im Düsterwald
Ravensburger Buchverlag
Ravensburg 2002
Ab sechs Jahren
Das Buch erzählt vom tapferen Entschluss der Maus Nellie, ihrem Clan das Überleben zu sichern, indem sie den gefährlichen Weg durch den Düsterwald auf sich nimmt, wo die gefährliche Eule Uhurru herrscht. Uhurru unterdrückt die Mäuse mit einer Lüge, die Nellie aufzudecken sucht. In der Geschichte geht es nicht nur um Mut und Hoffnung, sondern auch um das Hinterfragen von Autorität, um den Tod und das Verlassen gewohnter Wege.

■ **Uri Orlev:**
Der haarige Dienstag
Verlag Beltz & Gelberg
Weinheim 2002
Ab drei Jahren
Vor jedem Dienstag hat Michael Angst, denn da wäscht seine Mutter ihm immer die Haare. Weder sein Vater noch seine Schwester Daniela können ihm dann helfen, Mutter bleibt unerbittlich: Dienstags werden Haare gewaschen, egal was passiert. Und Michael schreit und schreit und schreit, so furchtbar findet er Haarewaschen. Jedes mal muss der Vater das Haus verlassen und die Schwester sich die Ohren zuhalten, damit sie Michaels Geschrei nicht hören müssen. Bis Daniela eine rettende Idee hat: Michaels Haare müssen ab. Aber dann kommt alles doch ganz anders.

Informations- und Beratungsmöglichkeiten

■ **Bundeskonferenz für Erziehungsberatung e.V.**
Herrnstraße 53
90763 Fürth
Tel.: 0911/97714-0
E-Mail: bke@bke.de
www.bke.de
(Adressen aller Familienberatungsstellen bundesweit)

■ **Gesellschaft für die seelische Gesundheit in der frühen Kindheit (GAIMH e.V.)**
Univ.-Klinik für Kinder- und Jugendheilkunde Graz
Auenbruggerplatz 30
A-8036 Graz
Tel.: 0043/(0)316/385-3759
E-Mail: gaimh@klinikum-graz.at
www.gaimh.de
(Die Webseite informiert über Beratungsstellen, die auf Säuglings- und Kleinstkinder spezialisiert sind.)

■ **Deutscher Kinderschutzbund Bundesverband e.V.**
Schiffgraben 29
30159 Hannover
Tel.: 0511/30485-0
E-Mail: info@dksb.de
www.kinderschutzbund.de

■ **Deutsche Liga für das Kind**
Charlottenstraße 65
10117 Berlin
Tel.: 030/28599970
E-Mail: post@liga-kind.de
www.liga-kind.de
(Die Webseite enthält viele Informationen rund ums Kind.)

■ **Mütterzentren Bundesverband e.V**
Müggenkampstraße 30a
20257 Hamburg
Tel.: 040/40170606
E-Mail: info@muetterzentren-bv.de
www.muetterzentren-bv.de
(Mütterzentren informieren und unterstützen Mütter.)

www.familienhandbuch.de
(Die Webseite enthält zahlreiche Artikel zu den meisten Fragen rund um Erziehung und Familie.)

Service

Spiele, Tipps und Anregungen

Impressum

mobile kompakt »Stark von Anfang an« ist ein Sonderheft der Zeitschrift mobile und des Internetauftritts www.mobile-familienmagazin.de.

Redaktion:
Julia Ubbelohde
Tel.: 07 61/27 17-295, Fax: -262
redaktion@mobile-familienmagazin.de

Anschrift des Verlages:
Verlag Herder GmbH
Hermann-Herder-Str. 4
79104 Freiburg

Fotos:
Albert Josef Schmidt

Illustrationen:
Eva Czerwenka

Layoutkonzept:
Büro Magenta, Freiburg

Satz und Layout:
Layoutsatz Kendlinger, Freiburg

Druck:
Simon Druck, Freiburg
Gedruckt auf chlorfrei gebleichtem Papier

ISBN-10: 3-451-00630-8
ISBN-13: 978-3-451-00630-2

1. Auflage
Alle Rechte vorbehalten
Printed in Germany
© Verlag Herder
Freiburg im Breisgau 2006

Die Autorin:

Uta Reimann-Höhn ist Diplom-Pädagogin, Fachbuchautorin und leitet seit 1986 eine lerntherapeutische Einrichtung in Wiesbaden, wo sie mit ihrem Mann und zwei Kindern lebt. Zu ihren Veröffentlichungen zählen u.a. „ADS – So helfen Sie Ihrem Kind", „Rituale geben Sicherheit" und „So lernt mein Kind sich konzentrieren". Bei Fragen erreichen Sie Uta Reimann-Höhn jederzeit über die Internetseite www.lernfoerderung.de.

Bewegung ist gesund und macht stark

Wenn Kinder sich selbst, ihren Körper und seine Möglichkeiten gut kennen, dann fühlen sie sich stark und sicher. Sport, Bewegung und Selbstverteidigung sind ein guter Weg, die eigenen Fähigkeiten zu testen und das Verhalten in einer größeren Gruppe zu üben. Das Angebot an Sportarten für Kinder ist groß, aber nicht immer auch altersgerecht. Gerade für Vorschulkinder sind Kombi-Angebote sinnvoll, in denen sie an unterschiedliche Sportarten langsam herangeführt werden. Mit der Zeit zeigt sich dann, welche Vorlieben das einzelne Kind entwickelt.

Selbstverteidigung

Erst ab circa zwölf Jahren ist es sinnvoll, einem Schulkind Selbstverteidigungstechniken zu zeigen, die es im Notfall anwenden kann. Die meisten Kampfsportarten können aber schon ab fünf bis sechs Jahren erlernt werden. Für jüngere Kinder sollte immer der Spaß an der Bewegung im Vordergrund stehen, nicht der Aspekt des Selbstschutzes. Spaß, körperliche Fitness, Zugehörigkeitsgefühle und Erfolgserlebnisse sind die Pluspunkte der Kampfsportarten, die auch Vorschulkindern viel Freude bereiten. Später kommt in vielen Fällen eine asiatische Lebensphilosophie hinzu, die den Sport in einen größeren Gesamtzusammenhang stellt. Judo, Taekwondo und Karate sind die bekanntesten Techniken, die in Volkshochschulen und privaten Sportschulen angeboten werden. Achten Sie beim Anmelden auf die pädagogischen Fähigkeiten des Lehrers und auf eine positive Atmosphäre im Trainingsraum. Schnupperstunden sollten immer möglich sein.

Rollenspiele

Rollenspiele sind für Kinder eine wunderbare Möglichkeit, Erfahrungen mit ihrem Körper zu sammeln und ihre Stimme als Ausdrucksmittel zu benutzen. Dabei schlüpfen sie in die Rolle eines anderen, eines Menschen, eines Tieres oder auch eines Fabelwesens, und versuchen möglichst genau, dessen Reaktionen, Bewegungen und Handlungen nachzuahmen. In einer Gruppe bekommt jedes Kind im Rollenspiel seinen eigenen Platz, es gestaltet und entscheidet durch seine Ideen mit, wie es weitergeht.

Rollenspiele sind für Kinder ab vier oder fünf Jahren geeignet und sollten nicht länger als eine Viertelstunde dauern. Ein Erzähler trägt eine Geschichte vor, und die Kinder versuchen, sich in die einzelnen Handlungsabschnitte „einzuspielen". Wenn der Hund in der Geschichte bellt, dann bellen auch die Kinder, und wenn es aufregend wird, bekommen sie ängstliche Gesichter. Rollenspielgeschichten kann man leicht selbst erfinden. Ein paar Rahmendaten helfen beim Erzählen:

Der Ort: im Wald, im Flugzeug, auf einem Schiff, in der Wüste, in der Antarktis

Die Situation: auf einer Expedition, während eines Unwetters, bei einer Zirkusvorführung

Die Personen: Menschen, Tiere, Außerirdische

Die Stimmung: lustig, ängstlich, ärgerlich, fröhlich, überrascht

Sicher fallen Ihnen noch viele Möglichkeiten ein, spannende Rollenspielgeschichte zu erzählen und die Kinder dafür zu begeistern mitzumachen.